님께

청석 시인의 정성 담은
첫 시집 「밥은 묵었나」로
인사 드립니다.
건강하시고 행복하세요.

青石 백기상 드림 靑石

밥은 묵었나

박기상 시집

| 축시 |

푸른산에서 문학의 비상을
- 시집 「밥은 묵었나」 출간을 축하합니다.

천년의 햇살 찬란한 아침에 일필휘지 시세계
기개 높은 장엄한 산의 푸른 바위처럼
靑石 시인님의 삶이 푸르고 따스하십니다.

사색의 창을 활짝 열어 자연에 심취하고
어버이로부터 천부적인 문학을 전승하여
혈연으로 푸근하고 뜨거운 사랑을 심으셨지요

진지한 마음으로 너그럽게 베푸는 인정
따뜻한 참사랑이 수채화빛 열정에 이르고
삶의 섭리는 생명의 미학을 낳았습니다.

시세계는 봄, 여름, 가을, 겨울의 사계를 오가고
하늘, 별, 구름, 바람, 산, 새, 꽃, 물 천체를 넘나들어
영혼을 흔들어 깨우고 깊은 감동을 줍니다

자기실현의 최고선을 서정시로 창작
청정한 시심은 곧 佛性이며 평화로워서
마음을 적셔주고 빛을 주는 禪定의 길입니다

정서적이고 이상적인 세계로의 큰 꿈
靑石 사백님의 문학의 열정 멀리 펼치시고
한국, 세계시단에 결연히 눈부시게 빛나십시오.

        2022년 봄

           이은별 Poet

시인. 수필가
푸른문학 · 푸른문학사 대표
푸른문학신문 대표
푸른문학회 회장
I.A.E.U 명예문학박사
국제PEN한국본부 34-36대 이사
한국문인협회 26대 이사

| 추천사 |

청석 시인 밥은 묵었나

　청석 시인의 첫 시집 "밥은 묵었나" 시편들을 감상하노라면 마음이 복사꽃처럼 환하게 기쁨으로 충만해진다.
　때묻지 않은 순수 서정과 자연스럽고 정갈한 시어들이 무한한 감동과 깨우침을 안겨 주기 때문이다.
　시어들은 일상의 삶 속에서 풋풋한 감성과 열정으로 캐어 낸 보석같이 빛난다.
　남녀노소 누구나 쉽게 읽히고 공감할 수 있는 시편들이 독서 삼매경으로 이끌고, 볼수록 추억과 역사를 되새기고 진정한 효와 충을 깨닫게 해 준다.
　또한 잊힌 역사와 자꾸만 쇠락해 가는 전통과 문화를 새롭게 일깨워 주고 진정한 인간애는 시공을 넘어서는 진한 감동과 힐링을 선사한다.
　생명을 소중히 여기는 시인의 휴머니즘은 오롯이 삶의 궤적에 살아 숨 쉬고 현대를 사는 모든 사람들에게 따듯한 자연애와 인간애를 마음껏 체험케 해준다.
　바람, 비둘기, 후투티, 뜸부기, 바위와 볼보, 나무와 맨드라미, 구름과 사찰, 끈끈한 깨벅지 동무들의 우정이 시어들 사이에서 오감을 새롭게 하고 소중한 문화 욕구를 충족시킨다.
　한 번 보고 두 번 읽고 세 번을 감상해도 평이하지만 깊이가 있고 평범한 것 같지만 고상한 시심이 화사하게 영혼을 정화한다.

   부모님을 모시는 갸륵한 효심과 애틋한 정성에 감동이 절로 나고 6.25 동족상잔에 산화하신 큰 아버님에 대한 절절한 그리움과 존숭의 염원은 역사와 전통의 맥을 올곧게 이어주고 후손으로서 자부심과 사명감을 다짐하게 한다. 여동생 탄생 비화, 군에 간 아들 면회 추억을 문학적인 감성으로 진지하게 그려냈다. 그런가 하면 증조할머니와 장모님에 대한 그리움과 애틋한 효심, 금슬 좋은 부부애는 후인들의 이정표가 되어준다.

   가족의 진한 정을 소환하고 잊혀가는 전통과 역사와 문화의 맥을 잇는 시인의 충. 효. 예는 아름답고 위대한 시대적 큰 자산이 되었다.

   시인은 일찍이 국민학교(현. 초등학교) 시절부터 시에 대한 천부적인 달란트를 가졌지만 평생을 경찰관으로서 공직에 헌신하여 대통령 표창을 수상하는 영광의 뒤안길에서 시와 함께 살아오신 진정한 문무를 겸비한 부드럽고 자상하며 다정한 순수 서정 시인이라 하겠다.

   스웨덴 한림원을 바라보는 열정과 비전을 갖고 계신 청석 시인의 밥은 묵었나 시집 상재를 진심으로 축하드리며 재미와 감동과 교훈, 힐링의 서정시 밥은 묵었나 일독을 기쁜 마음으로 추천합니다.

        2022년 4월 23일

                 아호: 청오, 시인 · 수필가
                 푸른문학 · 푸른문학사 주간
                 푸른문학신문 부대표
                 국제 PEN한국본부 문화정책 위원
                 한국문인협회 회원, I.A.E.U 명예문학박사

| 자서 |

「밥은 묵었나」 시집을 내면서

저의 아버님은 지방의 명문 고등학교를 다니던 때 동족상잔의 6.25전쟁이 일어났다. 큰 아버님인 형님이 전사하여 학교도 졸업하지 못하고 가장이 되셨다. 그래서인지 나에게 평생 공부해라 말 한마디 하지 않고 나를 키우셨다. "밥은 묵었나" 시를 쓰고 읽을 때마다 눈물이 나고 가슴이 아리고 돌아가신 아버님 생각이 납니다.

이 시의 간절한 그리움이 다른 사람들한테도 울림을 줄 수 있다는 자신감으로 틈틈이 시를 쓰다 보니, 오늘 시집을 내는 영광된 날을 보게 되었습니다. "밥은 묵었나"라는 말은 보릿고개 시절 우리 모두의 인사말입니다. 만나는 사람마다 "밥은 묵었나", "진지는 드셨나요"라고 하는 말은 이웃을 걱정하고 챙기는 따뜻한 마음입니다. 고난을 이기고 잘 살자는 뜻입니다. 무뚝뚝한 말이지만 친근하고 좋은 말입니다.

지혜의 마중물인 푸른문학에서 靑石 시인을 탄생 시켰습니다. 아버지께서 주신 큰 교훈 같은 이 말을 시집으로 내게 되어 너무너무 기쁜 마음입니다. 어린이도 좋아하고 나이 드신 어르신도 읽고 이해되는 시를 쓰고 싶습니다.

    靑石 시인의 짧은 시가 세계인에게 감동을 주기를 기대해 봅니다. 시집 끝에 "청석의 꿈"처럼 노벨문학상을 시상하는 스웨덴 한림원이 대한민국에서 멀기도 하지만, 오늘 첫발을 디딘 만큼 뚜벅뚜벅 걸어서 그곳까지 가고 싶습니다. 지구인들에게 큰 울림을 주는 시인이 되는 꿈을 꾸어 봅니다. 푸른문학 이은별 대표님 감사합니다.

    시집 편찬에 수고하신 관계자님 모두에게 감사함을 전합니다. 그리고 내 곁에서 항상 예쁜 마음으로 나를 격려하고 힘과 용기를 준 아름다운 내 사랑 나의 여보 성 순덕 여사님께 이 시집을 바칩니다.

2022년 봄

靑石 박 기 상 드림

1부 등단 시와 사랑

밥은 묵었나 · 18
밥은 묵었나(영어번역시) · 20
새우젓 · 22
새우젓(영어번역시) · 23
팔공산 갓바위 부처님 · 24
팔공산 갓바위 부처님(영어번역시) · 25
무학산 시루바위 · 26
무학산 시루바위(영어번역시) · 28
벚꽃 · 30
벚꽃(영어번역시) · 31
사랑받는 남편 · 32
아내 · 34
질문 · 35
여보야 · 36
결혼 선물 · 37
눈으로 말해요 · 38
나눠 사는 인생 · 39
심근경색 · 40
生과 死 · 41
가고 없으면 · 42

2부 고향과 산사

목소리 · 46
고향 언덕 · 47
신갑 상투봉 전설 · 48
화가 · 50
할머니 사장 · 52
시골 인심 · 53
보리암의 기도 · 54
대성암 · 56
성홍사 · 57
동지팥죽 · 58
외딴 집의 봄 · 59
새 차 · 60
상처 난 비둘기 · 61
꽃다발 · 62

3부 화목한 가족

증조할머니 · 66
큰아버님 · 67
팔순 장모님 · 68
나의 결혼 · 70
결혼 · 71
탄생 · 72
면회 · 74
모범 공무원 · 75
대통령 표창 · 76
여동생 · 77
애완견 볼보 · 78
공기와 바람 · 79
솔방울 · 80

4부 여행 이야기

해돋이 · 84
지리산 천왕봉 · 86
서울스카이 · 88
가고파 국화축제 · 90
독도 · 92
백록담 · 94
진해 천자봉 · 96
제임스 본드 섬 · 97
감천골 부처바위 · 98
웅동 용추폭포 · 99
꽃차 · 100
도담삼봉 · 101
기내식 · 102
해양전망대 · 104
감천 배롱나무 · 106
경화역 · 108
진해 동섬 · 109

5부 추억의 산책

군대 생활 · 112
첫 봉급 · 113
빵 사장 · 114
담임 선생님 · 115
친구 - 쪽파 · 116
원정대 · 117
천리행군 · 118
고공 점프 · 119
메뚜기 · 120
강아지 · 121
송년회 · 122
뉴스 앵커 · 123
승진 · 124
스님 친구 · 125
조약돌 · 126
김장 · 128
외국 노동자 · 129
수능시험 · 130
초부樵夫 · 131

6부 자연과 계절

가을 풍경 · 134
은행 단풍 · 136
참새 · 137
뜸부기 · 138
홍시 · 139
배추 농사 · 140
고구마 · 141
늦 수박 · 142
후투티 · 144
새와 길손 · 146
맨드라미 · 148
건강관리 · 149
로또복권 · 150
코로나19 마스크 · 151
축하 · 152
없는 세 가지 · 154
청석靑石의 꿈 · 156

보고 싶고 듣고 싶은
아버지 말씀
밥은 묵었나
밥은 묵었나…

등단 시와 사랑 1부

밥은 묵었나

한평생 병원 가기
싫어하는 아버지
연세 여든여섯 되어
치매가 오셨다

병원 문안 갈 때마다
다짜고짜 하시는 말씀
밥은 묵었나
밥은 묵었나

아픈데 없습니까
밥은 묵었나
진지는 드셨나요
밥은 묵었나

아들 말 못 듣는 척
밥은 묵었나
자나 깨나 자식 걱정
밥은 묵었나

보고 싶고 듣고 싶은
아버지 말씀
밥은 묵었나
밥은 묵었나…

Have You Eaten, Son

My father always
Hated hospitals
But at eighty-six
Dementia struck

Every time I visit
The same
Have you eaten.
Have you eaten, son.

Are you well?
Have you eaten.
Have you eaten, father?
Have you eaten.

He's deaf to my words
Have you eaten.
Yet I linger in his thoughts
Have you eaten.

written by Park Gi-Sang
translated by Kim, Whasoo

Father's words

I long to hear once again
Have you eaten.
Have you eaten…

새우젓

새우젓 좋아하는
우리 어머니
왜 좋은지 물어봐도
말씀 않더니

이름난 새우 젓갈
큰 통 받고서
웃으면서 하시는 말
가슴 울리네

이가 아파 다른 반찬
먹을 수 없어
뼈 없고 말랑한
새우젓 최고라네

듣고 나니 자식 도리
못한 생각에
새우보다 작아지는
아픈 내 마음

Salted Shrimp Sauce

Salted shrimp sauce
My mother's favorite
She wouldn't tell me
Whenever I ask why

Presented with a jar
Of her favorite brand
She explains, beaming
My heart, breaking

Her teeth so brittle
Other dishes she can't nibble
Salted shrimp sauce is the best
As it is boneless and soft

Hearing the truth I come to realize
That I've failed her as a son
My heart aches and shrinks
Smaller than the size of a shrimp

팔공산 갓바위 부처님

부처님 뵈러 가는
1,365 높은 계단
숨이 차고 힘들어도
걷고 쉬고 또 걷는다

오르는 돌계단길
수행의 길 이러니
온몸에 땀이 범벅
정신이 몽롱하네

한 가지 소원은
꼭 들어 준다기에
가슴에 소원 쥐고
부처님 앞에 서니

갓바위 부처님
빙긋이 웃으시며
소원 성취되었다고
산바람 불어주네

The Stone Buddha of Mt. Palgong

The path to the Buddha
1365 tall steps
Out of breath and aching
I walk, rest, walk some more

Climbing the stone stairs
A path of meditation
Drenched in sweat
My mind in a fog

They say the Buddha
Will grant a single wish
So I stand before him
A wish held deep within

The Stone Buddha
Smiles brightly
As if my wish was granted
Blows a mountain wind

무학산 시루바위

천지개벽하던 때
세상은 물에 잠겨
시루떡 만큼만
남았다는 큰바위

넓고 큰 산봉우리
운동장만 하였지
소풍가면 전교생
앉고도 남았었네

자연학습 시간에는
송충이 잡다 오르고
시냇가 고기 잡다
고무신 신고도 갔었다네

추수하다 꾸중 듣고
화가 나서 오른 친구
들판부모 내려 보고
눈물 짖고 울었다네

사연 많은 시루바위
멋진 무학 받쳐주니
춤추는 고운학이
감천골을 비행하네

Siru Rock of Mt. Muhak

When the heavens opened
And flooded the world
The top of a boulder peaked above
Just like a siru cake

The peak wide and large
Like a school yard
On picnics our entire school
Could fit with room to spare

I'd hike searching for caterpillars
During ecology class
Even after fishing by the stream
I'd climb, rubber clogs and all

My friend used to climb
After being scolded during harvest
Overlooking the fields below
They'd cry and cry

Siru Rock, a place full of stories
Kept afloat by the majesty of
The elegance of the Dancing Crane
Soaring through the Gamcheon Valley

벚꽃

몽글몽글 하얀 벚꽃
오늘 지금 못 보면
일 년 뒤나 보겠지

매미소리 요란한
한여름 보내야
볼 수 있겠지

찬서리 홍시 익는
늦가을 즐긴 다음
볼 수 있겠지

쌓인 눈 얼어붙는
한겨울 참아내야
볼 수 있겠지

꽃잎 흩날리는 날
눈으로 찍고 글로 남겨도
가는 봄 아쉬움은
깊이 남겠지

Cherry Blossoms

Pillow white cherry blossoms
If I don't see them today
It will be another year

Past midsummer
Droning with cicadas
Will I have to wait

Past late autumn
Enjoying frost-ripened persimmons
Will I have to wait

Past the dead of winter
Freezing the stacked snow
Will I have to wait

As the blossoms flutter
I preserve them in my eyes and words
But the spring days fade
And I long for it once again

사랑받는 남편

아침에 일어나 웃으면서
'잘 잤나요' 물어보고
출근할 때 포옹하며
뽀뽀 두 번 다정히 인사합니다

점심때 전화해서
'맛난 식사 드셨는지'
'커피 한잔했는지' 도
관심 있게 여쭤보고
휴대폰도 먼저 끊지 않습니다

퇴근해서 집에 오면
안방, 거실 청소하고
건조 빨래 예쁘게 접어서 놓고
쓰레기 분리하고 싱크대 앞에서
웃음 지으며 저녁 준비 고민합니다

하루가 저물어 다시 만난 님에게
오늘 하루 힘들지 않았냐고
어깨 감싸 안으며, 등 토닥이면서

격려도 해 줍니다
'수고했어요'
'사랑합니다'
꼭 말해야 합니다.

아내

예쁘고 착하고
청순한 여인
칠 년의 사랑받고
결혼을 했네

자식 키운 삼십 년
고생만 하고
고집 센 낭군 만나
속만 썩었네

엄마와 아내로
살아온 세월
숭고한 그 사랑에
고마움뿐이네

질문

당신의 첫사랑 누구신가요?
나이 들어 가끔씩
받는 질문에
우리 집 같이 사는
아내입니다
입에 침 바르고 말하라고
허허 웃지요

다음 생에 태어나도
아내와 결혼할 거냐고
환갑을 앞에 두고
받는 질문에
예스라고 자신 있게
대답합니다
모두가 믿지 못해
허허허 웃지요

여보야

여보와 여보야는 같은 말인데
듣는 아내 입장에선
다르답니다

여보! 하고 부르면
무슨 일 있는 말투
깜짝 놀라요

여보야! 라고 부르면
다정하고 정겹게
들린답니다

여보야, 여보야!

불러보세요
부드럽게 들리는 건
사실입니다.

결혼 선물

낮에는 알콩달콩
밤에는 꽁냥꽁냥
뜨거운 신혼 때
시간도 잘 갔지

자식 낳아 키운다고
극장 한번 못 가고
밥 먹고산다고
정신없이 보냈네

진주혼식이라는
삼십 년이 된 오늘
고마운 여보야께
어떤 선물 줘야 하나

장미꽃에 돈다발
안겨주면 좋으련만
가녀린 볼 감싸 안고
사랑해요 삼십 번!

눈으로 말해요

눈을 보면 모르냐고
말을 하면서
연인끼리 때로는 다툰답니다

눈치도 못 챘냐고
투정 부리며
같이 사는 부부도 다툰답니다

눈으로 다정하게
말하고 싶어도
눈물만 나오지 말하진 못해요

친한 사람한테서만
꼭 듣는 이 말
진실인지 오해인지 가려 주세요

나눠 사는 인생

처음 사는 인생은 젊음입니다
20대입니다
힘 있습니다
무쇠도 녹일 듯 정열이 넘칩니다
앞만 보고 갑니다
뜻을 따라 정상에
거침없이 오릅니다
그대도 그러했습니다

두 번째 인생은 노련함입니다
60대입니다
인내합니다
화내지 않으려 많이도 참습니다
뒤돌아 볼 줄도 압니다
정상은 없지만
천천히 갑니다
그대도 이렇게 살아갈 것입니다.

심근경색

퇴근하다 갑자기 가슴이 조여 오고
온몸에 땀이 나고 서 있기 힘이 드네

옆에 있는 친구에게 아무래도 이상하니
병원으로 가자하여 택시 타고 갔다네

응급실에 눕자마자 심근경색이라고
큰 병원에 빨리 가서 수술해야 한다네

앰뷸런스 메롱 메롱 걱정되어 우는 아내
신속하게 시술하고 중환자실 누웠다네

생리현상 참느라고 삼일을 굶었더니
기력도 떨어지고 얼굴도 쭈글하네

빨리 와서 다행이란 의사의 말 한마디
살다 보니 이런 일이 내게도 일어났네

지리산을 오른다고 건강하다 자만 말고
건강검진 자주 하고 안 아프게 관리하세

生과 死

生과 死는 함께 쓰길 좋아합니다
떼어놓고 말을 하면
조금은 설명해야 하는 말입니다

두 글자 사이에서
웃기도 하고 울기도 하고
먹고 잠을 자며 생활합니다

生 글자 방향으로
돌아가는 길도 없고
자꾸만 자꾸만 멀어져만 갑니다

死 자는 멀게 있어야
기분도 좋고 즐겁지만
항상 생활하는 주변에서
숨어서 지켜봅니다

자연의 한줄기라 말하고 싶지만
운명이란 단어로 끝맺기도 힘듭니다
오늘 아침 해를 보고 콧노래 즐거운 것은
아직도 청춘이고 잘 살고 있는 증표입니다.

가고 없으면

내가 가고 없으면 누가 울어 줄까요
내 청춘 다 바쳐 목숨보다 사랑한
내 사랑과 내 가족이 울어 주겠지

내가 가고 없으면 누가 웃어 줄까요
남자답게 멋지게 잘살다 갔다고
내 친구가 빙긋이 웃어 주겠지

내가 가고 없으면 누가 슬퍼할까요
먹고 자고 같이 일한 동료 후배가
괜찮은 놈 떠났다고 슬퍼하겠지

내가 가고 없으면 누가 기뻐할까요
흰 구름 푸른 동산 아름다운 대자연이
고향으로 잘 왔다고 기뻐하겠지

낙엽 덮인 언 땅 아래
솟아나는 어린 새싹
희망을 주는 이름
봄 봄 봄 불러보네

고향과 산사

2부

목소리

산골에서 태어난 우리 동창들
목소리가 유독 커서 걱정입니다

쇠를 깎는 송 사장
닭 키우는 구 사장
버섯 재배 박 사장
시청 근무 오 과장

가끔씩 한 번씩
만나는 날이면
주변에서 싸운다고
놀린답니다

왜 그런가, 왜 그럴까?
생각해 보니
산골소년 살기 위한 방책입니다.

고향 언덕

상투봉 등지고 언덕에 앉아
시루봉 큰 바위 바라다보니

소몰던 열 살 소년
정겹던 어르신
오십 년 지난 지금
그립고 보고프네

산새 지저귀고 풀벌레 울고
광려천 흘러가는 청정한 마을

북극성 보이는 감천골 신감
아끼고 가꾸고
두고두고 보고 싶네

신감 상투봉 전설

나물 캐던 두 처자, 아기 호랑이 예쁘다고
안아보고 얼러보고 한참을 놀았다네

상투봉에 숨겨둘까 둘러보는 바위 위에
빙긋이 미소 지으며 내려보는 큰 호랑이

오금이 저려서 걸음 떼기 힘들지만
나물바구니 팽개치고 걸음아 날 살려라

집에 와 오들 오들, 자는 둥 마는 둥
아침에 일어나니 대문 앞 나물바구니

헤치지 않으면 은혜를 갚는다는
호랑이 이야기 상투봉 전설

화가

경치 좋은 수원지 앞
박배덕 갤러리
베레모 눌러쓰고
짧은 수염 쓰다듬는
붓을 든 노 화백

물에 뜬 사과 그림
물그림자 그리며
요리 찍고 조리 끗고
한나절이 되어도
일어서지 않더니

작품 설명해달라고
바라보는 관람객
기원의 흔적이라 말을 하면서
어머님 지극정성 그렸답니다

할머니 사장

비상등을 켜고 있는 갓길 차 한 대
도움이 필요한지 여쭈어보니

이십 년 타고 다녀 고장이 잦다고
할머니 차 문 열고 도와 달라네

서비스 전화하고 담소해 보니
오십 년 전 면허 따고 연세가 팔순

공단에서 주물공장 경영하시고
현장에서 일하시는 여장부 사장님

책에서만 등장하는 신여성 일화
할머니 사장 두고 하는 말이네

시골 인심

부암 마을 예쁜 뒷산 가는 길 물었더니
대문 밖 어르신 상세히 설명하네

산 중턱에 광명촌 두 개 부락 있었지만
사격장 들어서고 마을 산길 없어졌네

양지바른 마을이라 농사도 잘되고
계곡물 너무 맑아 가재도 많았다네

대봉감 유명한 하동 땅 악양에서
부암 마을 이사 와 오십 년을 사셨다네

이사 올 때 심은 나무 홍시가 열렸다고
대봉 홍시 맛보라며 두 개나 주시네.

보리암의 기도

풍경도 숨죽이고
산새도 잠자는 밤
낭랑한 염불소리
바위 타고 울린다

음절마다 운율 타고
못하면 따라 하고
한목소리 경을 외는
보살님, 처사님

두 손 모아 합장하고
두 눈 감고 소원 빌고
경건하게 절하지만
이마에는 땀이 송송

나뭇잎에 맺힌 이슬
햇살에 영롱해도
간절한 기도 소리
멈추질 않네.

대성암

사찰은 경치 좋은 산속에 있지만
웅천동 대성암은 도심에 있어요

새 아파트 건설되고 인구가 늘어나서
상가 중심 오층으로 이사 왔어요

엘리베이터 타고서 문이 열리면
부처님 계시는 법당입니다

은은한 조명이 부처님 비추고
법당 입구 불교기 새롭습니다

미소 짓는 큰스님 따뜻한 말 한마디
고민거리 사라지고 힘이 납니다.

성흥사

팔판산 부처바위
미소 지으며 내려보고
계곡의 맑은 물도
돌아돌아 흐르는 곳
풍수명당 천년고찰
성흥사 있네

일주문 들어서면
부처님 보이옵고
대롱 타고 떨어지는
물소리 풍경 되고
대웅전 앞 예쁜 나무
스님머리 웃음 나네

낭랑한 목탁소리
매일매일 울리고
인자하신 큰스님
미소 짓고 반겨주니
기도하는 보살님
끝도 없이 찾아오네

동지팥죽

팥을 삶아 체에 걸러 앙금 만들고
찹쌀 반죽 새알심 동그랗게 빚어
색깔 좋은 동지팥죽 만들었어요

먹기 전 귀신 쫓는 팥죽 행사로
대문 부엌 마당 창고 골고루 돌며
숟가락으로 죽 뿌리며 액운을 막지요

밤이 길고 낮이 짧은 동짓날 아침
팥죽을 먹어야 나이도 먹는다고
숫자 세며 새알심 먹기도 하지요

철없는 어린 시절 나이 빨리 먹겠다고
많은 팥죽 먹어서 배 아픔도 겪었지만
나이 든 지금 팥죽은 먹어도
나이 먹긴 싫어요.

외딴 집의 봄

매화꽃 가지마다
흰 꽃송이 피어나
쳐다봐 달라
창문을 두드리고
돌 틈 사이 흐르는
작은 물줄기
겨울은 갔다고
졸졸졸 소리치네

살랑대는 버들개지
물오른 꽃봉오리
하얗게 부풀어
눈웃음 지을 때
낙엽 덮인 언 땅 아래
솟아나는 어린 새싹
희망을 주는 이름
봄 봄 봄 불러보네

새 차

있는 돈 없는 돈
다 긁어모아
멋있는 자동차를 구입했어요

새 차 오는 기쁨에
잠도 못 자고
신나게 뛰어가 핸들 잡았네

동네 슈퍼 들러서
막걸리 네병 사고
바퀴마다 한 병씩 고사 지냈지

잘 굴러다니길 기원도 하고
무사고 빌면서 기도하였지

오늘부터 더 열심히 운전하면서
차산 돈 빨리 벌어 장가가야지

상처 난 비둘기

사리암 가는 길, 참매의 습격으로
비둘기 한 마리 땅으로 떨어졌네

차 밑으로 숨어서 파르르 떨고 있어
두 손으로 감싸고 온몸을 살펴보니
배 부분 공격받아 상처가 있고
어찌나 놀랐는지 가만히 있네

차에 태워 약 바르고, 운전한 후에
대나무숲 깊은 곳에 놓아 주었네
상처가 아물어 잘 날고 있을는지
똥그란 두 눈동자 잊지 못하네.

꽃다발

꽃다발은 아무 때나 받지 못해요
입학하면 못 받고 졸업할 땐 받아요
부지런히 학교 다닌 보상입니다

꽃다발은 누구나 받지 못해요
상을 받고 공있는 자 받는답니다
열심히 노력한 자랑이지요

꽃다발은 할머니도 좋아합니다
쑥스러워 하지만 미소를 짓습니다
젊을 때 받지 못한 그리움입니다

꽃다발은 모든 사람 눈물 나게 합니다
받는 순간 울컥하며 가슴을 울립니다
주고받는 그 여운 오래갑니다.

15만 경찰 중에
나에게 온 멋진 행운
아내한테 감사하고
자식에게 모범되고

화목한 가족 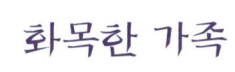3부

증조할머니

비쩍 마른 손자 보고 언제나 하시는 말씀
살찌게 해주고 부자 되게 해줄게
업어서 키우고 숟가락 밥 먹이고
따뜻한 아랫목에 잠재우는 증조할머니

신마산 부잣집 이 씨 가문 큰딸로
박씨 집에 시집와서 칠 남매 키우고
가문을 일으키고
큰 키와 건장한 체격 여장부와 같았네
어린 손자 기죽을라 신라 왕손 자손이니
당당하고 멋지게 세상을 살라하고
자부심을 심어주시던 경주 이씨 월성 파
양반 가문 할머니

효자효부 이야기 아는 것도 너무 많아
이야기 조르다가 잠든 날 더 많았네
절을 좋아하셔서 유명 사찰 갈 때마다
생각나는 할머니
시를 쓰는 고운 마음 할머니가 주신 선물
내가 가진 좋은 성품 할머니 것이라네

큰 아버님

동족상잔 6.25 비극적인 유월
큰아버님 군에서 제대하던 달

제대하지 못하고 전선에 투입되어
낙동강 전투에서 용감히 전사했네

편지 속에 적혀진 5여단 15연대
3대대 12중대 중화기 소대

유해를 찾지 못해 아무 혜택 못 보고
66년 지난해 유공자 되었네

훈장 추서 의뢰하니 모두가 전사하여
기록 찾기 힘들고 안 된다고 하시네

언제쯤 유해 찾고 용감하게 싸운 기록
명쾌히 발견하여 그 명예 회복될지

국립묘지 충혼탑 명패 속에 살아있고
자랑스레 빛나는 용감한 나의 영웅

생각하면 눈물 나고 국가도 원망되고
해결하지 못한 마음 너무너무 아픕니다

팔순 장모님

1941년 9월 9일 단풍의 계절
결실의 가을 탄생하시었네

보릿고개 6.25 동난 국가도 국민도 못 살던
김해 땅 가락에서 어린 시절 보내셨네

장인어른 만나서 낙동강 옆 명지에서
다섯 남매 잘 키워 시집 장가보냈다네

세월이 유수라 오늘 팔순 맞으시니
자녀 손자 재롱 보며 만수무강하옵소서

뜻깊은 생신날 아들딸 절 받으시고
천수를 누리도록 손 모아 비옵니다

건강하옵소서
행복하옵소서
사랑 하옵니다
감사 하옵니다

나의 결혼

신랑 입장 소리에 성큼성큼 걸을 때
가슴이 울렁대고 심장이 벅차더라

흰 드레스 입은 신부 장인어른 손을 잡고
천사같이 입장하여 내 손을 잡았었지

마주 보고 절하는데 부케가 너무 떨려
잡아주고 싶었지만 실행하지 못했네

주례사 들을 때 팔을 잡아 부축하고
쓰러질까 걱정되어 아무 말도 안 들렸네

부모님 장모님 감사 인사드리고
행진을 마치고 사진 찍고 끝났었네

축하 노래 없었지만 화려하고 멋있었지
30년 전 그날처럼 내 신부 사랑하네

결혼

남자는 여자 마음 얻어야 하고
여자는 남자 마음 얻어야 됩니다

남녀 다른 두 사람이
한마음 되기가
참으로 정말로 어렵습니다

마음이란 숙제를 가슴에 안고
밀기도 하고 당기기도 합니다

믿음이 생기고
신뢰가 쌓여가야
진실한 마음이 열린답니다

두마음이 하나 되면
사랑이 넘치고
넘친 사랑 주체 못 해
결혼을 합니다

탄생

산부인과 분만실 앞 앉았다가 섯다가
왔다가 갔다가 여러 사람 똑같네
그동안 새 생명이 일곱 명 탄생하여
전화벨 울리고 얼굴만 보여주네

자리 빌 때 태어날까 담배 피우러 못 가고
밥도 굶고, 오줌 참고 20시간 기다렸네
새날이 바뀌고 10분이 지났을 때
내 이름 부르는 전화를 받았네

쪼꼼한 얼굴에 빨간 피부에
눈을 감고 울면서 아빠와 만났었지
세상에서 하나뿐인 위대한 생명
북받치는 기쁨을 눈물로 삼켰다오

산모도 건강하고 아기도 건강하고
간호사 하는 말이 천사 음성 같았네
태어남은 고귀하고 성스러운 의식
사랑고리 엮어주는 끈이고 완성이네.

면회

해군에 입대한 아들 편지에
다가오는 토요일 면회 오라네

맛난 것 많이 사서 만나 봐야지
통닭 피자 준비하고 쌀밥 김밥 가져갔지
면회를 신청하고 기다린 시간
날씨가 너무 추워 덜덜 떨었네

한참을 기다려 아들 얼굴 보고서
식당에 마주 앉아 음식을 꺼냈네
싸온 음식 모두 얼어 먹을 수 없네
옆 친구는 통닭, 피자 따뜻하게 먹는데

가만히 살펴보니 폰으로 전화해서
입구에서 배달 받아 그때그때 받아먹네
면회한 아들에게 미안도 하여
폰 주문 다시하여 맛난 음식 먹었네

늦게나마 따스하게 나누어 먹고
처음 한 아들 면회 추억되었네.

모범 공무원

25년 한결같이 사건사고 처리하고
가정보다 회사 생활 더 열심히 했다네

정부포상 받으려나 두 번의 도전 끝에
심사를 통과하여 모범 공무원 되었네

많은 동료 지켜보고 화상회의 중계할 때
표창 증서 수여받고 큰 박수 받았었네

국가 표창 받고 나니 기분 좋고 찡한 가슴
책임감도 더 생기고 두 어깨도 더 무겁네

대통령 표창

86년 경찰 되어 30년 근무하고
지역치안 확립 유공 대통령 표창이라네

표창도 영광인데 직접 수상 대상자로
세종문화회관으로 새벽에 오라 하네
아내와 손을 잡고 6시에 도착하여
5시간 연습하고 대통령 앞에 섰네

표창을 축하합니다, 감사합니다
조금 더 힘써주세요, 예 알겠습니다
대통령과 악수하고, 거수경례 인사하고
생방송 중계방송 전 국민께 인사했네

평생에 이런 영광 또 있지는 않겠지
감정이 벅차올라 얼떨떨할 뿐이네
15만 경찰 중에 나에게 온 멋진 행운
아내한테 감사하고 자식에게 모범되고

방송 보고 잘했다고 축하 인사 많이 받고
꿈같고 동화 같은 대통령 표창 수상입니다.

여동생

어머님 꿈속에 옥황상제 나타나
선녀를 보낼 테니 잘 키워 보라셨네

신비한 태몽에 기대 품고 기다려
칠월 칠일 칠석날 예쁜 동생 태어났네

가냘프고 너무 작고 병치레도 많이 하고
학교도 겨우겨우 어렵게 다니었네

부모님 애지중지 형제자매 함께 살다
사십사 년 되던 해 우리 곁을 떠나갔네

하늘궁전 공주로 이 땅에서 살다가
옥황상제 부름받고 집으로 돌아갔네

하고픈 일 다 못하고 떠나간 여동생
기도하는 마음속에 항상 살아 있습니다

애완견 볼보

애완견 키우자는 아들 등쌀에
강아지 구경하러 숍에 갔었네

네 마리 중 세 마리 꼬리 흔들며
앞발 들고 일어서 재롱도 부리네

조용한 한 마리 엎드려 꼬리치고
큰 눈으로 애원하듯 눈을 맞추네

발걸음이 멈추고 안아본 순간
가족 되어 멋진 이름 볼보 되었네

예쁜 짓만 골라 하고 말도 잘 듣고
십 년을 하루같이 웃으면서 보냈네

공기와 바람

공기 보고 싶어서 나직이 불러보면
살랑살랑 실바람이 볼을 만지며
'나 여기 왔어요' 대답합니다.

바람 보고 싶어서 힘차게 외치면
눈썹 위에 있다고, 가지 끝에 있다고
뽐을 내고 당당히 말을 합니다

고귀하고 소중한 생명의 근원
몸에 붙어 있지만 보이지 않고
잊혀진 님처럼 대우받지 못하네

고맙다고
글로써 표현하고 싶네
잊지 않고 산다고 말하고 싶네
살아있는 날까지 감사하고 싶네!

솔방울

바람 불면 흔들리는 가지마다 솔방울
떨어지지 않으려고 꼭 붙잡고 애쓴다

놀러 온 산새가 계절 안부 물어봐도
쪼아서 떨어질까 눈도 한번 안 맞추네

비바람에 버티고 찬서리도 이겨내고
첫눈 올 때
이제는
한시름 놓으려니 세월 앞에 장사 없다
붙잡았던 작은 손 힘없이 풀어지네

그립고 아쉽지만 땅으로 떨어지니
아장아장 고운 손이 얼른 주워 쥐고서
흙먼지 털어내고 폴짝 뛰며 좋아하네.

상생의 손가락 사이로
떠오르는 태양
사진 찍고 소원 빌고
바쁘기만 합니다

여행 이야기

4부

해돋이

여보야! 3시다, 얼른 일어나세요
해돋이 보러 동해로 갑시다

롱패딩 챙겨 입고, 마스크 쓰고
고속도로 먼 길을 힘차게 달려갑니다

호미곶에 모인 수많은 인파
한반도가 동쪽으로 기울까 걱정됩니다

멋진 일출 담으려고 좋은 자리 찜하고
쳐다보고 바라보고 눈이 다 아프네

불그스런 여명이 용광로 쇳물처럼 흐르고
눈부신 태양이 솟아오른다

상생의 손가락 사이로 떠오르는 태양
사진 찍고 소원 빌고 바쁘기만 합니다

거룩한 해돋이 영광스러운 의식
2020 올해도 좋은 일만 가득하소서!

지리산 천왕봉

자고 나니 갑자기
지리산 가고 싶어
중산리 입구에서
쉼 없이 올랐다네

법계사 지나고
천왕샘에 목축이고
가파른 계단 올라
천왕봉 도착했네

눈에 익은 표지석
기상도 늠름하고
굽어보는 산줄기
웅장하고 아름답네

하늘을 떠받치는
천주도 확인하고
지는 해 바라보며
만세도 불렀다네

서울스카이

한눈에 볼 수 없어
두 번을 올려보고
123층 높은 곳 555 미터

입구에서 표 사고
기념사진 포즈 잡고
엘리베이터 올라타니
일 분 만에 도착하네

홍보관 영상 자료 끝나니 문 열리고
그림 같은 멋진 서울 감탄사 절로 나네

한강, 남산 다 보이고
올림픽 푸른 공원
경복궁, 청와대가 지척에 보이네

발전하는 대한민국 상징과도 같은 곳
서울구경 가실 때 꼭 한번 가보시게.

가고파 국화축제

오색국화 향기 뿜는 형형색색 조형물
열아홉 번째 맞는 가고파 국화축제

공룡에 뽀로로 동심을 자극하고
쉬어가는 벤치는 야구공 모양

승리의 기념탑 야구배트 꽂아두고
맑은 물 좋은 데이 천향여심 아름답다

자유의 여신상 하트 뽕뽕 날리시고
해바라기 조명탑 어둠을 밝히네

입신출세 염원하는 용 두 마리 등용문
사랑의 발자국길 황금돼지 맞이하네

상유 십이 거북선 이순신 장군님
아구 복어 마산 음식 맛보고 힘내소서

3·15 민주 향기 대대손손 자랑이네
국이 향이 향기 맡고 예뻐지고 젊어지세

독도

자존심 지켜주는 동해바다 작은 섬
지도에 작은 표시 마음속엔 큰 대륙
너도나도 가고 싶은 대한민국 우리 땅

뱃전에서 반겨주는 듬직한 경찰
거수경례 인사 받고 가슴이 뭉클
찡한 마음 삼키면서 안아보는 우리 땅

뾰족하고 날카로운 커다란 바위
촛대바위 부채바위 다양한 모양
대한봉 태극봉이 지켜주는 우리 땅

눈에 담고 사진 찍어 간직하지만
떨어지지 않는 걸음 돌아 보면서
다시 또 외쳐보는 독도는 우리 땅

백록담

흰 눈은 휘날리며
볼을 비비고
얼음같이 찬바람은
얼굴을 스친다

가쁜 숨 몰아쉬며
휘청거릴 때
눈을 담은 큰 바구니
분화구 하나

얼어붙은 연못에
쌓아놓은 흰 눈
산줄기와 어우러진
눈부신 경치

흰 사슴 타고 오는
신선님 전설
계절마다 아름다운
백록담 풍경

진해 천자봉

큰 산줄기 끝나는 곳
솟아오른 봉우리
그림 같은 남해바다
품에 안았네

웅천 고을 주 씨 머슴
명당에 묘를 쓰고
대륙 가서 후손이
천자 되었네

천하를 호령하는
황제 나신 곳
전설 역사 살아있는
진해 천자봉

제임스 본드 섬

바다 위에 떠있는 돌덩이 하나
건배하는 와인잔을 닮았습니다

넘실대는 파도에 넘어질 것 같아서
잡아주고 싶도록 애잔한 모습

기념사진 찍을 때는 손바닥에 올라가니
장난감 좋아하듯 사랑을 받네요

제임스 본드 출연 영화에 나와
푸켓관광 핵심이 되었다지요

세계인이 찾아오는 유명한 관광지
영원히 볼 수 있길 기원합니다

감천골 부처바위

바위산 벼랑 끝 토굴 사찰 천장에서
하루 먹을 양만큼 백미 쌀 떨어져
수도하는 스님은 걱정 없이 살았었네

상좌의 꾐에 빠져 더 많은 쌀 받아서
부자로 살고 싶어 쌀 나오는 천장 구멍
힘을 합쳐 넓혔다네

아뿔싸, 어이하리
마른하늘 날벼락
천둥 치고 벼락치고
천장 구멍 물 나오고
사찰이 무너지고
모든 것이 사라졌네
무너진 절터에 남아있는 돌기둥
외롭게 서 있지만
부처바위 이름 받고 욕심내지 말라고
영원토록 후대에 그 뜻을 전하네.

웅동 용추폭포

물보라 솟아올라
바람에 흩날릴 때
거대한 용 한 마리
광음 내고 승천하네

바위를 타고 넘는
꿈틀대는 그 모습
폭포수 날개 펴고
힘차게 솟구치네

층층으로 돌고 감는
웅장한 자태
큰 비 오면 용추폭포
더욱 멋져요

꽃 차

공기 좋고 물 맑은
보배산 자락
이천 평 넓은 땅에
꽃향기 가득하다

구절초 맨드라미
코스모스 산국화
붉은 꽃 노란 꽃
눈부신 하얀 꽃

벌들도 현혹되는
향기도 가지가지
고운 손길 분주히
찌고 말리고

유리잔에 띄워보니
그 빛깔 너무 고와
푸른 하늘 가을 구름
꽃 잔에서 쉬고 있네

도담삼봉

남한강 푸른 물이 소리 없이 흐르다
우뚝 솟은 세 봉우리 넋을 놓고 쳐다보네

돌아가기 아쉬워 부딪히고 안아보고
손 내밀어 잡아달라 애원도 해보았네

저 강물은 흘러가서 아픈 사연 모르지만
도도한 도담삼봉 아픈 역사 알고 있네

삼봉의 개혁정신 만백성이 따르지만
왕조에 버림받고 왕세자께 미움받네

오백 년 기틀 놓고 이슬처럼 사라져간
삼봉 대감 그 정신 도담삼봉 말해주네

기내식

외국 가는 비행기를 처음 타보니
외국인 승무원 말이 안 통해
기내식 주문에 손짓 몸짓해가며
어렵게 음식을 한상 받았네

손바닥 밥상에 도시락 주고
빵도 있고 커피 있고 물까지 주네

정말로 쪼끔한 밥상 앞에서
조용히 움직이며 밥을 먹었네

집에서 이런 밥상 차려주시면
기내에서 먹듯이 먹을 수 있을지

생각하면 허허허 웃음이 나고
밥상 차려 주는 아내 더욱 고맙네

해양전망대

마창대교 보이는 가파른 너덜지대
육백여 개 나무계단 좌로 우로 꺾어져
용이 꿈틀하는 듯 햇살 받아 반짝인다

산을 찾는 고운 걸음 찬물도 마셔가며
발목도 만져가며 돝 섬 경치 취할 때
용 모양 계단 끝에 우뚝 선 전망대

놀이기구 세워둔 듯 커다란 철탑 위에
푸른 하늘 다 보이는 유리 난간 새로워라

휘감아 도는 철 계단 승천하는 용의 모습
청량산 상징이고 마산항의 자랑이네.

감천 배롱나무

교무실 앞 계단에
서있는 큰나무
조회하는 날마다
기준 잡던 곳

칠월이면 붉은 꽃
예쁘게 피어나고
잘못하면 고개 숙여
벌을 받던 곳

백일홍 나무라고
예쁜 이름 부르고
청소할 땐 올라가
매미 잡던 곳

학교 역사 말해주는
튼실한 배롱나무
오늘도 그 자리서
멋진 후배 지키네

경화역

기차에서 수천 명 타고 내리고
모습 보면 뭐 하는지 알 수 있어요

짧은 머리 모자 쓰고 초조한 얼굴
훈련소에 입대하는 청춘입니다

보따리이고 들고 뛰어가는 아줌마
5일장을 찾아오는 단골입니다

바구니 가방 들고 걷는 할머니
은행 앞 그늘에서 떡을 팔지요

벚꽃열차 유명한 관광지 됐지만
그 옛날 경화역 엄청 붐볐답니다.

진해 동섬

하루 두 번 나타나는
신비의 바닷길
백 미터로 짧지만
이름났어요

물에 잠겨 있을 때는
섬이었다가
물 빠지면 길이 생겨
육지 되지요

바닷물 갈라지는
희귀한 현상
모세의 기적 닮은
동섬입니다

하얀 파도 밀려올 때
쏴~아 차르르
돌 구르는 소리
예쁘기만 하네

추억의 산책 5부

군대 생활

대한민국 제일가는
수색대와 특공대
저격수로 발탁되어
DMZ 누비고

폭파 연습 전선 침투
천리행군 공수훈련
청춘을 불사르며
피땀을 흘렸네

피가 튀고 알이 배기고
이가 갈리는 PRI
팔꿈치 까져가며
눈물도 훔쳤지

특공무술 태권도
낙법도 치고
빡세게 힘들게
군 생활 마쳤네

첫 봉급

노란 봉투 첫 봉급
월급 받던 날
십육만 팔천 원
큰돈이었네

부모님 내의 사서
효도해야 한다기에
빨간 내의 두 벌 사서
포장해서 드렸네

엄마 아빠 고맙다고
대견해 하고
눈시울 붉히시며
칭찬하셨네

빵 사장

국어책 싫어하는
제주도 친구
덧셈 뺄셈 산수는
너무 잘하고

손으로 만드는 걸
좋아하더니
제빵 기술 일찍 배워
사장되었네

새벽부터 빵 만들고
배달도 하고
친절히 판매하여
빌딩도 샀지

돈 걱정 자식 걱정
없어진 지금
친구 보고 싶다고
전화가 왔네

담임 선생님

'담배 피웠니'
'안 피웠습니다'
'엎드려라 다섯 대다
크게 세어라'

엄하시고 무서웠던
담임 선생님
사모님 사별하고
요양병원 가셨네

돌봐주는 간호사
따님 덕분에 잘 드시고

불편함은 없으시다네

성년 된 제자 문안
너무 반가워
쓰러질 듯 뛰어나와
안아 주시네

친구
- 쪽파

농사짓는 친한 친구 갑자기 몸이 아파
서울에 큰 병원 치료하려 간다네

궁금하고 걱정되어 단숨에 만나보니
웃으면서 안부 묻고 쪽파 다발 건네주네

친구 정성 고마워 쪽파 까기 해보니
모종 쪽파 하나에 서른 가지 올라와

파 냄새에 눈물 나고 허리도 아프고
누런 잎 떼어내고 뿌리도 자르고

세 시간 쪽파 까며 마음속 기도기도
사랑하는 내 친구 무탈하기 비옵니다.

원정대

서른 살 되던 해 에베레스트 간 친구
위대한 산봉우리 그 짜릿함 잊지 못해
환갑인 육십에 삼십 년 저축하여
원정대 꾸려서 히말라야 간다네

어머님 허락받고 가족도 설득한 일
그만두라 말하긴 너무 늦었네

얼음 조심, 건강 조심 잘 갔다 오라고
소주 한잔하면서 손뼉 치고 응원했네

출발한 지 한 달 만에 전화가 울리더니
아마다블람 등정에 성공하고 왔다네

손가락 얼지 않고 발가락도 괜찮냐고
다친 곳 없냐고 묻고 또 물어보고
세계 삼대 미봉을 무산소 등정하여
경남인의 위대함을 세계에 알렸다네!

천리행군

다리도 후들후들 온몸에는 땀이 범벅
천 리 길 그 먼 길을 괴나리봇짐 매고
일주일을 걸어가네

아지랑이 피어나고 들판 새싹 고운 낮엔
흘러가는 냇물에 코 담그고 싶지만
먼지 날아가듯 빨리도 걸어가네

별 총총 어두운 밤 산새도 잠이 든 길
조용하고 적막함을 발자국 소리로
깨우고 깨우고 걸어가네

삼일 후면 끝나겠지 남은 오백 리
낮과 밤 구분 없는 철야행군 시작하면
몸과 마음 하나 되어 비몽사몽 걸어가네

완주한 젊음 날아갈 듯 기뻐서
두 손 들어 엄지 척 환하게 웃지만
꿈에서도 걸어갈까 두렵기만 하네

고공 점프

앞가슴 부여잡고 허공을 점프하여
비행기 떨쳐내고 낙하산 쳐다보고
이제는 살았구나 긴 한숨 쉬어보네

바람 타고 즐긴 순간 너무 멋진 지상낙원
고공 서 본 푸른 들판 떨어지며 바라보니
소나무 빽빽하고 모래 고운 운동장도
바위 언덕 황무지네

어디로 내려앉지, 안 다치고 내려야지
콩닥콩닥 조마조마 조정 줄 세게 당겨
언덕배기 밭 위에 살포시 내려앉네

창공을 가로질러 떨어지는 꽃송이
아름답게 보이고 걱정 없어 보이지만
짧은 한순간 생사生死 놓고 고민하네.

메뚜기

폴짝폴짝 벼 사이를
뛰어노는 메뚜기
엎어지고 넘어지며
손으로 잡아

강아지풀에 꿰어
엮어서 달고
빈병에도 가득 담아
집으로 오네

간장 넣고 가마솥에
볶아 먹으면
고소한 그 맛에
먹고 또 먹지

삼십 년 전 논에서
사라진 메뚜기
농약 없는 환경 되면
다시 오겠지

강아지

가족이 다 있으면
아빠 품에 안겨서 재롱부리고

막내인 나에게는
눈길 한번 안 주고 외면합니다

아빠가 출근하고
둘이 있으면
잘 봐 달라 손등 핥고
꼬리 흔들고

누굴 더 좋아하는지
알 수 없어도
한밤에도 반겨주니
귀엽습니다

송년회

새해가 밝았다고
해돋이 한지가
어느덧 열두 달 되었습니다

좋은 일도 많았고
슬픈 날도 있었지만
세월 따라 소리 없이 흘러갔어요

한 해를 돌아보면서
정답게 이야기하고
안부 묻고 건배하고 즐거운 자리

웃음이 만발하고, 생기가 넘치니
올 한 해 멋졌음을 증명합니다.

뉴스 앵커

뉴스룸에 앉아서
이 소식 저 소식 살펴도 보고
큐사인 들어오면 정중히 인사하고
전 국민이 지켜보는 밤 뉴스 시작되네

정치 소식 경제전망 사건사고 전하지만
진실되지 않으면 국민에게 버림받는
정치인 비리 사건 최고의 관심사네

입으로 전한 소식 득이 되고 살이 되고
송곳 같은 짧은 비평 깔끔한 진행
세상 소식 매일매일 속 시원히 전하소서

승진

12월 24일
크리스마스이브날
기적 같은 승진 선물
받았습니다

세월 가고 성실하면
받을 수 있지만
받고 보니 너무도
감격스럽습니다

같은 팀 우리 동료
케이크 사고 축포 쏘고
손뼉 치고 노래하며
축하해 줍니다

높은 계급 아니지만
감사하고 고맙고
그 마음 오래도록
잊지 않겠습니다

스님 친구

교복 입은 여학생 때 한 번 본 동창생
이십여 년 어디 사는지 소식 없더니

가사장삼 두르고 모자도 쓰고
기품 있는 사찰에서 스님 되셨네

어찌 된 영문인지 물어보아도
두 손 모아 합장하며 미소만 짓네

헤어지고 만남에 아쉬워 말라며
업 따라 인연 따라 오고 갈 뿐이라네

조약돌

하얀 파도 밀려올 때
쏴~아 차르르
돌 구르는 소리
예쁘기만 하네

흰 거품 돌 언덕에
부딪혀 밀려날 때
거품 따라가고 싶어
차르르 쏴~아

조약돌 수억만 개
하루에도 수백 번
물결 따라 구르고
파도 따라 구르고

그림 같은 빗방울
바다 위를 수놓아도
예쁜 돌 되겠다고
파도 타며 신이 났네

김장

온 가족과 아낙네들 함께 모여서
마을회관 앞마당에 둘러앉아서
새빨간 고춧가루, 갖은양념 다 넣고
멸치 액젓 버무려 김장을 합니다

일하다가 심심하면 노래도 부르고
백 점 받은 막내딸 자랑도 합니다

한참을 심부름한 젊은 총각은
고기 수육 안 먹냐고 투정도 하지만
김장이 끝나고 마무리되면
이집 저집 고루고루 나누어 줍니다.

외국 노동자

쇳물이 펄펄 끓는 용광로 앞에
땀 흘리며 일하는 젊은 노동자

이곳이 좋으냐고 물어보면은
엄지손 올리며 최고랍니다

무거운 일 힘든 일 앞장서 하는
한국 산업 움직이는 동력이지요

하루빨리 돈 많이 벌어가지고
귀국해서 사장님 되고 싶다네

수능시험

십일월 십사일 늦가을 추운 날씨
오천만이 긴장하는 특별한 목요일

공공기관 출근시간 한 시간 늦추고
지하철 증회 운행 비상대기 추가 편성

늦잠 잔 수험생 경찰차로 도착하고
발 동동 구르면 모든 차량 태워주네

시험학교 정문에는 어머니 정성기도
플래카드 흔들고 출정식에 절도하고

듣기 평가 시간에는 모든 소음 중단되는
대학생 되기 위한 위대한 첫발자국

초부樵夫

산비탈 험한 길 지게 지고 올라
나뭇잎 모으고 나뭇가지 꺾어서
집채만 한 나뭇단 곱게 만든 초부 님

이마에 흐르는 땀 베적삼을 타고 내려
허리춤을 적시고 온몸이 젖어도
불어오는 산바람에 웃음 짓는 초부 님

돌 너덜 자갈길 칠십 번 굽은 길을
지팡이 장단치고 콧노래 흥얼대며
사뿐사뿐 내려오는 힘이 좋은 초부 님

지게 길 복원하고 조그만 쉼터 짓고
초부 정 이름 붙여 감천골 멋을 전한
나무꾼의 후예들 멋을 아는 초부 님

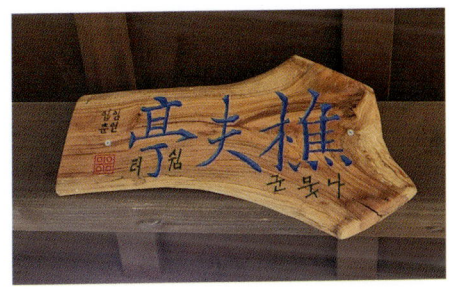

푸른 문학 청석 시인 케이(k) 문학 이끌어
노벨상 받는 그날
시루봉 큰 바위에 푸른 비단 옷을 입혀
세계인이 감탄하는 푸른 바위 만들고 싶네.

자연과 계절  6부

가을 풍경

푸르름이 짙던 나뭇잎
노랗고 빨갛게
물이 들었네

붉은 단풍 하얀 억새
하늘 경치 어울려
황홀함을 채운다

물에 비친 산 그림자
산산한 갈대바람에 흩어지고
대지에 내려온 오색 가을
나를 불러 너를 품게 하였네

이 추억 간직하라고…
이 가을 잊지 말라고…

은행 단풍

학교 가는 길목 커다란 은행나무
열매가 가득 달려 냄새나더니
늦가을 이슬 맞고 노랗게 물들었네

한 잎 두 잎 날리다 우수수 떨어지고
간밤에 내린 비로 가지가 휑하더니
골목길 모두가 은행잎 세상이네

모양도 부채 같고 색깔도 너무 예뻐
수북이 많이 쌓여 바람에 굴러가니
등교하는 어린이 눈을 떼지 못하네

예쁜 잎 어디 있나 줍기도 하고
내 것이 예쁘다고 자랑도 하지만
졸업하면 못 볼까 봐 가슴에 품고 가네

참새

짹짹 째째짹
느티나무 아침 참새
몹시도 바쁘다

입 벌린 아기 참새
밥 주세요 째째짹

알았다 달랜다고
엄마 참새 짹짹

아빠 따라오라고 짹짹
천천히 가자고 째째짹

즐거운 참새 가족
짹짹 째째짹
째째짹 짹짹

뜸부기

뜸북뜸북 논 뜸부기
웅덩이 옆 풀숲에서 걷다가 섯다가
송사리 무리에 눈을 떼지 못한다

조그만 더 와라, 목을 빼면서
한 마리 물까, 두 마리 잡을까
고개를 비틀며 고민하고 있다

한 발짝 물속으로 걸음 옮길제
지나가는 길손 발자국 소리
푸드덕 날개 펴고 창공을 난다

논으로 갈까, 개울로 갈까
하늘을 돌면서 살펴보지만
송사리 못 잊어 다시 앉았네.

홍시

가지 끝에 달려있는
새빨간 홍시 하나

먹고 싶어 침 삼켜도
언제나 대롱대롱
긴 대나무 올려 돌려
좌로 위로 꺾을 때
땅으로 떨어질까
숨죽이며 보는 동심

꽃바구니 옮겨서야
웃음 짓는 어린 남매
달달한 홍시 맛
꿀보다 맛있어요

배추 농사

밭고랑 흙 끌어올려 이랑 만들고
씨 뿌려 정성 다해 가꾸었더니
푸른 새싹 봉긋이 솟아올랐네

아침저녁 애지중지 살피던 그때
콩알만 한 달팽이 잎에 붙어서
구멍 내고 앉아서 포식을 하네

빈 그릇에 담으며 잡아보지만
잡아내고 집어내도 속상한 손길
올가을 김장 배추 망친 것 같네

고구마

고구마 덩굴줄기 낫으로 걷어
둘둘 말아 고랑 옆에 끌어다 놓고

호미로 흙을 파서 드러난 몸매
조롱조롱 딸려오는 고구마 가족

길쭉하고 통통하고 모양도 가지가지
한 바구니 가득 담아 기분도 상큼

가마솥에 쪄 먹을까, 구워 먹을까
찐 고구마, 군고구마 고민하지만

앗 뜨거워!

고구마 호호 불면서
가족 담소 나누는 행복한 가족.

늦수박

누가 먹다 뱉었는지
알 수 없지만
정원 한쪽 텃밭에
자라는 수박

푸른 줄기 쭉쭉 뻗어
꽃이 피더니
조그마한 아기 수박
고개 내민다

꽃을 따고 순을 쳐야
크게 자라지
늦수박에 충고하는
수많은 말들

참외만큼 자랐을 때
닥쳐 온 태풍
잎줄기 날아가고
혼자 외로워

혹시나 익었을까
쪼개어 보니

익다만 노란 속살
눈물만 가득…

후투티

따뜻한 초겨울 산소 갔다 오는 길
차 앞으로 날아오른 예쁜 새 두 마리

유리창에 부딪칠까 급정거했더니
산새도 놀랐는지 잔디밭에 앉았네

모양이 너무 예뻐 요모조모 살펴보니
검은색 날개에 흰 줄이 네다섯

날카로운 긴 부리 꽁지머리 깃털
인디언 추장처럼 모자 쓴 모양

노란 잔디 가운데 두 마리 앉아
다친 곳은 없냐고 서로 물어봅니다

새와 길손

풀숲 우거진 덤불 속에서
비비새가 떼 지어 노래를 한다
비가 올려나 노랫소리 큰 걸 보니

매화나무 밭 꽃봉오리
가지에 앉은 참새떼
땅으로 앉았다가 날아올랐다가
봄을 찾는가, 꽃을 찾는가

허허벌판 논바닥 벼 그루터기 사이에
까치가 떼 지어 먹이를 찾는다
잔칫날인가! 동네 까치 다 온 걸 보니

산기슭 갈아놓은 작은 밭에는
비둘기 떼 지어 모임을 하네
파먹어도 되는 거야, 주인도 없는데

떼 지어 모이고 다 함께 지내고
자연 속 움직임은 함께 하는 삶
사람도 떼 지어 모여모여 살지요.

맨드라미

맨드라미 빨간 꽃
수탉 벼슬 닮았네
대문 옆 담장 밑에 줄지어 서서

누가 오나, 누가 가나
마을 사람 보면서
우리 가족 오기만을 기다립니다

시집간 큰딸
유학 간 작은아들
겨울이 오기 전에 보고 싶은지

빨간 꽃잎 붉은 꽃대 시들어가도
꽃송이 펼쳐들고 기다립니다.

건강관리

세월 가고 나이 들면
병마도 찾아오고 몸도 아픈 것은
사람의 인생사 자연의 섭리지요

건강은 건강할 때 지키라는 말씀
소홀하기 쉽고 들어도 잊어먹고
실천도 힘들어요

몸 아프고 병나서 병상에 있으면
괜찮냐고 묻는 말, 대답하기 귀찮고
흐르는 눈물만 볼을 타고 내려요

안 아프고 건강하게 웃으면서 말하고
맛난 음식 잘 먹고 오순도순 살도록
기도하는 그 마음 모든 사람 뜻이에요.

로또복권

시험지도 없는데 볼펜 들고 갸우뚱
눈을 감고 신중히 한참을 망설이다
답안지에 한 줄 답을 씁니다

오답이 아니기를 꼭 정답이기를
생각하고 고민하는 수험생 모습
또 한 줄 정확히 답을 씁니다

이번이 마지막 결사항전 마음으로
밖을 보고 생각하고 볼펜으로 머리 치며
또 한 줄 명확히 답을 씁니다

여섯 문항 만점 받기 하늘의 별 따기
문제도 없는데 답인들 정확할까
로또복권 맞추기 정말 정말 어려워요

코로나19 마스크

미세먼지 해롭다고 쓰라 해도 안 쓰던
새하얀 마스크
코로나19 만나 보물이 되었네

이름도 괴물 같은 코로나19 독감
지구촌을 떨게 하고 인명도 앗아가고
백신도 없다 하네

치료제가 마스크라 구하기도 어려워서
약국 앞에 줄을 서고 두 장을 구매하러
한 시간을 기다리네

마스크 제작하는 적십자사 손놀림에
바이러스 퇴치하는 열정이 살아나고
희망이 솟구치네

봄기운이 따스하니 나쁜 세균 물러가고
마스크 속 감추어진 밝은 미소 곧 보겠네
환한 얼굴 다시 보겠네

축하

축하는 받을수록
기분이 좋습니다
박수 받고 칭찬 받고
환호도 받습니다

축하하는 일들이
가끔씩 있어야
걱정도 사라지고
용기도 납니다

축하하는 사람이
많으면 많을수록
가슴이 뭉클하고
감격스럽습니다

많은 축하 받고 나면
책임도 느낍니다
좋기도 하지만
부담되는 행사입니다

없는 세 가지

전해오는 이야기 중 진실된 말은
모든 사람 귀를 타고 들려옵니다

세상을 살면서 없는 세 가지
누구나 알고 있는 내용입니다

세상에 공짜는 없다
대가 없는 선물을
두고 한 말입니다

지켜달란 비밀도 없습니다
내가 알고 네가 알고
신이 알고 있습니다

살아가는 인생에 정답도 없습니다
각자 삶이 다르다는 뜻일 테지요

내가 듣고 실천하고
후세에게 전해줄
무섭고도 올바른 진리입니다

청석靑石의 꿈

산골소년 일어나
대청마루 내려서면
해 뜨는 동쪽에
시루봉 서 있네
우뚝 솟은 푸른 바위
푸른 꿈 키워주고
푸른 희망 심어줬네

책 보따리 등에 메고
친구들과 학교 갈 때
기세등등 학교 뒷산
멋지게 지키고
눈만 뜨면 보이고
꿈에서도 뛰놀던
감천 골의 자랑

타향살이 오십 년
어려운 일 힘든 일로
두 어깨가 무거워
울고 싶고 힘 빠질 때

먼발치 차 세우고
용기 주고 힘 달라고
기도하던 봉우리

푸른 문학 청석 시인
케이(k) 문학 이끌어
노벨상 받는 그날
시루봉 큰 바위에
푸른 비단 옷을 입혀
세계인이 감탄하는
푸른 바위 만들고 싶네.

푸른문학선 · 198

밥은 묵었나

2022년 5월 1일 초판 인쇄
2022년 5월 8일 초판 발행

저　자 | 박 기 상
발행인 | 李 惠 順
편집인 | 이 은 별
주　간 | 임 재 구

발행처 | **푸른문학사**
등　록 | 제 2015 - 000039
주　소 | 서울시 강북구 도봉로 313 효성인텔리안빌딩
전　화 | 02) 992 - 0333
팩　스 | 02) 992 - 0334

신　문 | 푸른문학신문(인터넷)www.kblpn.com
BAND | 푸른문학
이메일 | poet33@hanmail.net

cafe.daum.net/stargreenwood푸른문학사

ISBN 979-11-88424-69-6

값 15,000원

저자와의 합의하에 인지 첨부 생략합니다.
이 책은 저작권법에 의해 보호를 받는 저작물이므로 무단전재와 복제를 금합니다.

※ 본문 그림 : 양태석 화백 / 본문 사진 : 박기상 시인